LES NOCES
DU
PERE DUCHESNE,
COMÉDIE,
EN DEUX ACTES ET EN PROSE,

PAR M. DORVIGNY.

Représentée pour la première fois, à Paris, sur le Théâtre de l'Ambigu-Comique, le 26 Décembre 1789.

Prix 1 liv. 4 sols.

A PARIS,
Chez CAILLEAU & FILS, Libraires-Imprimeur, rue Galande, N°. 64.

1789.

PERSONNAGES.	ACTEURS.
LE MARQUIS.	
LA MARQUISE.	*Mlle. Chennier.*
LUCILE.	*Mlle. S Quentin.*
DUCHESNE.	*M. Dorvigny.*
GILOTIN.	*M. Moreau.*
VA-DE-BON-CŒUR, Soldat du Régiment du Marquis.	*M. la Ville.*
Trois GARÇONS du père Duchesne dont un parlant.	*M. le Lièvre.*
LUCAS, Paysan.	*M. Thyemet.*

La Scène est au premier Acte, dans la Boutique de Duchesne. Au second Acte au Château du Marquis.

LES NOCES DU PERE DUCHESNE, COMÉDIE.

ACTE PREMIER.

Le Théâtre représente la Boutique du père Duchesne. On y voit des tuyaux de poële, des briques, des colonnes, des figures d'hommes & d'animaux, & des poëles de différentes grandeurs. Il y a une fenêtre en haut.

SCENE PREMIERE.

GILOTIN, *entre seul.*

C'EST ici sa Boutique, je crois, à ce gros vilain brutal.... Oui, v'la des poëles, des tuyaux; v'la tout le bataclan! elle n'est pas mal gardée comme ça! y n'y a personne!... Ah! si fait v'la, les Garçons par là bas dans le fond qui travaillent. C'est bon, j'en vas appeller un & je l'y donnerai ste lettre là, pour qui la remettre à Mamselle Lucile; quand elle va revenir du Château avec lui..... Car à présent que v'la les accordailles faites, y ne vont pas se quitter..... Et pis y vont aller faire leurs visites ensemble. Sarpedié! comme j'ai donc sumé, moi, à ce maudit souper que le Marquis l'y a donné là hier! j'y ai attrapé la jarretière de la mariée par dessous la tabe; mais ce vilain jureur là m'a lâché un rude coup de pied toujours! J'ai ben crû que j'en avais les reins démanchés. Mais c'est égal; v'la ben de quoi pour qu'il me la paye; ste lettre là qu'il a laissé tomber, qu'and Mamselle Lucile va la voir, ça va mettre fièrement de la brouille parmi eux! Quéqui sait.... Si elle se pique ben fort, y n'y a que le contrat de signé, on pourrait encor déchirer ce mariage là. Ça fait qu'elle me reviendrait à moi.... Ah jarni! Je n'y renonce pas encor... Voyons un peu, appelons quéque-z'un. (*Il appelle.*) Monsieur le Garçon! Hola! Monsieur le poëlier, s'il vous plait.

SCENE II.

GILOTIN, UN GARÇON, *venant d'une chambre à gauche.*

LE GARÇON, *brusquement.*

QUEUQUE vous-voulez?

GILOTIN, *à part.*

Diantre! il est ben rude aussi sti-là! on dit ben vrai! tel maître tel valet.

LE GARÇON.

Eh ben! parlez donc. Queuque vous demandez?

GILOTIN.

Eh Monsieur, ne vous fâchez pas. Je vous demande pardon.

LE GARÇON.

Pardon! Eh ventrebleu vous ne venez pas ici pour me demander ça prêtre. Vous êtes donc un imbécile, vous!

GILOTIN.

Non Monsieur, c'est pas ça, c'est que vous le prenez mal, c'est une politesse de ma part.

LE GARÇON.

Eh! gardez vos politesses, & laissez nous travailler. J'avons affaire à un maître qui n'est pas poli lui, & qui n'aime pas qu'on perde son tems. Bonjour.... (*Il s'en va.*)

GILOTIN, *le rappellant.*

Mais écoutez donc, Monsieur le Garçon, je veux vous dire quéque chose.

LE GARÇON, *revenant plus brusquement encore.*

Eh ben ventregué, dites-le donc, vous restez là comme une bête!

GILOTIN, *ahuri.*

Mais voyez donc comme y me parle!... On voit ben que c'est le père Duchesne qui l'a éduqué sti-là!... Tenez, Monsieur, v'la t'une lettre qu'est pour Mamselle Lucile. Vous la l'y remettrez quant elle viendra: mais faudra guetter le moment où ce qu'elle sera seule, entendez vous, parce qu'il ne faut pas que Monsieur Duchesne la voye.

LE GARÇON, *flairant la lettre.*

Y ne faut pas qui la voye! (*à part.*) Venterbleu! v'la une commission qui sent le bâton comme tous les diables! Écoutez, pays, vous vous trompez de porte. Regardez-moi ben: ai-je ti l'air d'un commissionaire d'amour?

GILOTIN.

Non Monsieur, ben au contraire; ça n'est pas ça que je dis. Mais c'est que vous le prenez encor de travers.

LE GARÇON.

Eh ben, en ce cas la, écoute mon ami. Y aura certainement un pour boire pour ste lettre là, & je ne veux pas t'en faire tort. Tu n'auras qu'à repasser quand ils seront revenus, & tu la donneras toi-même. Le port t'en sera ben payé, va.... Au revoit, luron! je n'ai pas le tems de causer. Bonsoir. (*Il rentre au fond.*)

GILOTIN.

Bonne nuit!

SCENE III.

GILOTIN, *seul.*

DIANTRE! si sont tous aussi miélleux que lui!... Ça doit faire une jolie petite société quand ils sont tous ensemble!... Au bout de tout, j'aime encor mieux qu'il n'aye pas pris ma lettre.

Il aurait fait ſte commiſſion là tout à rebour : au-lieu que moi, en donnant ça à Mamſelle Lucile, je l'y gliſſerois encor par-cy-par-la queque paquets qui relevront encor la ſauſſe.... Allons nous-en pour ce moment-ci.... Ah ! jarni, v'là queuque-zun. (*Il regarde par la porte où il est entré.*) Ah ! ventergué ! je ſuis pris dans la bergerie, moi ! v'la le loup qui vient ! je ne peux pus ſortir.... Ce diable de pere Ducheſne ! ſi y me voit ici, y va me rachever !... Où que je me cacherais ben ? voyons ; v'la un tuyau qu'eſt à peu près ma groſſeur.... Fourons-nous dedans. Y ne viendra pas me chercher là. (*Il entre dans un des tuyaux.*) Ah ! jarni ! On ne m'a pas pris meſure.... Mais comme on dit la peur rappetiſſe !... Ah ! m'y v'la pourtant. (*Il s'y cache tout entier.*)

SCÈNE IV.

DUCHESNE *entre avec* LUCILE : GILOTIN, *caché dans le tuyau.*

DUCHESNE, *entre donnant le bras à Lucile. Il la quitte ſitôt qu'il eſt dans la Boutique.*

AH ! mille millions de victoires ! Mamſelle Lucile !... Nous v'la donc enfin nos maîtres ! & nos langues en liberté ! Ah ! triple douzaine de fournaux ! comme je m'en vas dérouiller la mienne ! Y n'y a pas ni Marquis ni Marquiſe ici pour guetter les paroles & vous renfoncer les mots dans le ventre!... Cinq cens diable emporte la politesse! Si j'étions resté un heure de plus, dans ce maudit Château, j'y serions crevés! mais ventrebleu m'en v'la sorti, & je sens que je renais! Allons, milzieux, Duchesne, lâche, toi un peu, ça te soulagera.

LUCILE.

Eh bien, eh bien, Monsieur Duchesne, ménagez-vous donc!

DUCHESNE.

Ah bon oui, me ménager! L'épreuve est finie Mamselle; & triple nom d'une civadière! je suis las de me retenir. C'est un abcès.... Un dépôt que j'ai là, sur le cœur! y faut que ça parte, sans quoi je serais malade.... (*Il se démene sur le Théâtre en jurant & escadronant.*) Ah! tête-bleu! Ah mort! Ah ventrebleu!... Ah mille millions de rochers!...

LUCILE.

Mais vraiment, Monsieur Duchesne, vous allez vous faire mal....

DUCHESNE.

Eh non, milzieux! au contraire, vous voyez bien que ça me dégage.... Mais, par la sembleu! ça ne va pas encor! ste chiene d'habitude que la Marquise m'a fait prendre me gêne à présent moi. Je n'en peux pus lâcher un bon.... Y sembe que je me retienne encor exprès.... Oui, le tonnerre me bombarde! si je peux jurer une pauvre fois.... Là... comme il faut.

LUCILE.

Ne vous en plaignez pas, vous vous en acquittez encore assez bien.

DUCHESNE.

Et mille escadres en déroute ! Il n'y a pas de simple Mousse ou de Pilotins qui ne me ferait la barbe à sfieur-ci !..... Je ne parle pas d'un Matelot ou d'un Officier marinier dà ! Car, mille pattes d'ancre de miséricorde ! un juron leur tombe de la bouche à ces vivans là, qu'on dirait qu'ils crachent.... Et moi, triste girouette.... le moindre triple nom.... semble m'écorcher la langue.... Ah ! faudra que je me remonte un peu ; voyons, voyons un peu ça.... Commençons par gronder mes Garçons, ça me remettra au courant. (*Il appelle en criant.*) Hola hé ! Terre-cuite ! Labrique ! Brulefer !... Où sont donc ces coquins là ? ces *f*.... fainéans.... Ces *b*.... bavards là, qui causent aulieu de travailler ?.... Restez un moment ici, Mamselle Lucile ; nous sortirons tout-à-l'heure pour faire deux ou trois visites ; en attendant je m'en vas dans l'attelier faire une once de bon sang.... Ah ! triple feu d'enfer ! v'la que je commence à me retrouver ! Et je m'en vas vous *f*.... faire voir comme je retourne ces gaillards là ! moi.... Ces mille millions !... Ah ! double carillon !... (*Il entre au fond en jurant, criant & renversant tout.*)

SCENE V.

LUCILE, GILOTIN, *caché.*

LUCILE.

Je croyais déja qu'il était à moitié guéri.... Mais je vois bien que c'est enraciné chez lui; j'aurai de la peine à le rendre poli.

GILOTIN, *criant d'une voie étouffée.*

Ho! Mamselle Lucile!

LUCILE, *étonnée.*

Qu'est-ce qui m'appelle?

GILOTIN.

C'est moi, Mamselle.

LUCILE.

Comment, vous! Et où ça donc?

GILOTIN.

Ici, dans le tuyau.

LUCILE.

Dans le tuyau!... Et lequel?

GILOTIN.

Celui-ci, tenez.... (*Il marche à elle, la tête & tout le corps caché.*)

LUCILE, *effrayée recule.*

Ah! mon Dieu! qu'est-ce que c'est donc que ça!

GILOTIN.

C'est moi, je vous dis.

LUCILE.

Mais qui vous?... Je ne peux pas vous reconnaître comme ça.

GILOTIN.

Eh ben, c'est Gilotin.

LUCILE.

Monsieur Gilotin...... Et qu'est-ce que vous faites là?

GILOTIN.

Eh pardine j'y étouffe. Débararssez-moi donc ben vite.

LUCILE.

Mais qu'est-ce qui vous a mis là-dedans?

GILOTIN.

C'est le diable!... Mais y faut m'en ôter, car v'la que j'y crève. Dépêchez-vous donc.

LUCILE.

Eh! comment faut-il faire?

GILOTIN.

Retirez la colonne par en haut.

LUCILE, *la tirant.*

Voyons donc.... Ah! ça tient trop. Ça ne peut pas venir!... Qu'est-qui arrête donc comme ça?

GILOTIN.

Eh pardi! c'est ma tête qui est prise entre deux moulures. Ahi, hai!... Ne tirez pas si fort donc! vous m'arrachez le cou!

LUCILE.

Ah! bien dame! Il faut donc que vous restiez-là!

GILOTIN.

Diantre! Je serais ben niché, moi, là-dedans.

LUCILE.

Eh bien, je vais appeler Monsieur Duchesne pour qu'il vous retire.

GILOTIN.

Eh ben au contraire! y ne faut pas qu'il me

voye lui. C'est une lettre que j'ai à vous remettre; qui va ben vous étonner, aller.

LUCILE.

Une lettre! Eh bien, donnez-la moi donc.

GILOTIN.

Eh! comment voulez-vous que je fasse! Je suis collé là-dedans. Je ne peux pas remuer les mains.

LUCILE.

Laissez-la tomber par dessous.

GILOTIN.

Ça ne se peut pas, pis qu'elle est dans ma poche...... Il faut que vous me délivriez auparavant.

LUCILE.

Mais vous voyez bien que je ne peux pas, puisque vous tenez là-dedans!

GILOTIN.

Eh oui! je tiens, v'là le diabe!... Mais écoutez, Mamselle Lucile, c'est jamais que de la terre ça.... Ainsi empoignez-moi un marteau & cassez le tuyau.

LUCILE.

Ah! ben oui, cassé.... Une colonne comme ça!... Est-ce que vous y pensez donc?

GILOTIN.

Mais jarni; vous y pensez encor ben moins, vous, de me laisser étouffer là!... C'est pas si cher vote diable de colonne, on la payera.... Mais, dépêchez-vous donc de me donner de l'air, car v'là que j'étrangle déjà!

LUCILE.

Allons, voyons donc si je trouverai quelque chose pour vous débarrasser. (*Elle cherche & ramasse un moule de tuyau ; & elle frappe avec contre la colonne.)*

GILOTIN, *criant.*

Ahi ! prenez donc garde ! c'est contre ma tête que vous cognez-là.

LUCILE.

Ah dame ! je n'y vois pas.... Tenez, voila plus bas.... (*Elle frappe sur la colonne qui se casse ; les morceaux tombent, Gilotin en sort.)*

GILOTIN, *sortant.*

Ah jerni ! il était tems ! ça me serrait tout juste le siffler.

(*On entend derrière jurer Duchesne.)*

Ah ! ventrebleu ! Qu'est-ce que le diable me charrie donc par là-bas ?

GILOTIN, *effrayé.*

Ah miséricorde !! je suis perdu ! Mamselle Lucile, cachez moi quelque part ! (*Il cherche de côté & d'autre.)*

LUCILE.

Eh ! où voulez-vous que je vous mette, moi ?

DUCHESNE, *de loin.*

C'est donc le tonnerre !...

GILOTIN.

Ah ventergué ! le v'la !... (*Il ouvre un grand poële qui est au milieu & se jette de dans.)* Mamselle Lucile, fermez la porte sur moi.

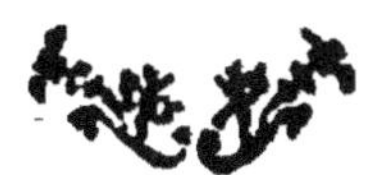

SCENE VI.

DUCHESNE, LUCILE, GILOTIN, *dans le poêle.*

DUCHESNE, *regardant les morceaux de la colonne.*

QU'EST-CE que c'est donc que st'ouragan que je viens d'entendre là!... Ah! double naufrage! v'la les débris de la tempête! (*Il ramasse les morceaux!*) Comment, Mamselle! V'la les profits que vous me faites!... A peine entrée dans la Bou-[illegible]que, & v'la déja du déchet!..... Ah! mille [illegible]ructions! Comme les femmes ont donc la main [illegible]illeuse.

LUCILE.

[illegible] vous demande bien pardon, Monsieur Du-c[illegible]e, mais je n'ai pas encore l'habitude de manier ça.... Je m'y accoutumerai peut-être.

DUCHESNE

Oui, mais mille douzaines de briquet! votre apprentissage va me couter diablement.

LUCILE.

Pour ce[illegible]e fois, ce n'est pas ma faute. (*Malignement.*) C'est un chat qui s'était glissé dedans....

DUCHESNE.

Un chat!... Que cinq cens diables lui cassent les quatre pattes!... Si je l'attrappe, je l'écorcherai tout vif, moi, votre enragé de chat.

GILOTIN, *effrayé retire à lui la petite grille du poële.*

DUCHESNE, *regardant au bruit.*

Tenez, n'est-ce pas lui que j'entens encor là?... voyons, milzieux! Il faut que je lui torde le cou! (*Il cherche.*)

LUCILE.

Bah! laissez cela à présent. Il faudroit déranger tout pour le trouver.

DUCHESNE.

Vous avez raison, nous avons quelque chose de plus pressé à finir.... Mais double traquenard! Je mettrai un piége par ici, & je ferai un manchon de sa peau!... Pardon, Mamselle Lucile, si je vous laisse entravers là un instant; mais je vas d'abord donner un coup de sonde chez le Notaire, voir s'il a arrhimé note contrat, suivant le gubari que je l'y en ai donné! ensuite je viendrai vous embarquer pour aller faire nos emplettes & visites..... De là, morbleu! vent largue, nous cinglerons jusqu'au Château pour achever la cérémonie!... Et puis, ce soir, Mamselle Lucille amenera son pavillon; & le père Duchesne hissera la grande flâmme & amarinera sa prise. Allons, Mademoiselle bon quart devant. (*Il sort par la rue.*)

SCENE VII.

LUCILE, GILOTIN, *dans le poële.*

GILOTIN, *ouvrant la porte du poële & passant la tête à travers.*

EST-IL parti ?

LUCILE.

Oui, oui, sortez.

GILOTIN, *sortant.*

Le diable l'emporte avec son maudit chat ! y m'a fait une peur de chien, lui !

LUCILE.

Voyons, dépêchez donc de donner votre lettre, car il va revenir.

GILOTIN.

Vous avez raison, la v'là.

LUCILE, *la regardant.*

Elle est adressée à Monsieur Duchesne ! qu'est-ce que cela veut dire !

GILOTIN.

Pardine ! ça veut dire que c'est un poulet qu'une poulette écrivait à ce petit mignon là.

LUCILE.

Est-il possible.

GILOTIN.

Dame, vous savez lire, ainsi, épelez-moi ça.

LUCILE, *ouvrant avec jalousie.*

Ah ! ça n'est pas croyable !..... (*Elle lit*)
« [illegible] mon cher Duchesne ! Il est possible
» que

» que vous alliez vous marier après ce que vous » m'avez dit tant de fois ; & que j'avais exigé » de vous une promesse de rester garçon..... » au moins pendant ma vie ; avec la connois- » sance que j'avais de votre caractère, j'aurais » cru que nulle autre femme que moi, n'aurait pu » s'y accoutumer.... Celle que vous prenez sera » sans doute une petite mijaurée.... (*Elle répète d'un ton piqué.*) Une petite mijaurée !

GILOTIN.

Ah ! C'est impertinent ça par exemple ! C'est elle putôt qu'en est une des mijaurées.

LUCILE, *reprenant la lecture.*

» Une petite mijaurée qui ne vous prend que » pour votre bien ; & qui ne vous épouse au- » jourd'hui que pour vous tromper demain. (*Elle ferme la lettre de colère*) Ah ! c'est un peu trop fort. Je n'en saurais lire davantage.

GILOTIN.

Quand je vous ai dit que vous ne vous y attendiez pas.

LUCILE.

Ah ! quelle indigne trahison !... Et comment cette lettre est-elle venue dans vos mains ?

GILOTIN.

Eh ! jarni, c'est en se trémoussant dans ce bal, ste nuit, que Monsieur Duchesne l'a laissé tomber de sa poche.

LUCILE.

Je ne l'aurais jamais cru capable de me jouer comme cela ! heureusement il est encore tems de me dédire, & je ne serai pas sa dupe.

GILOTIN.

Ça sera ben fait ; car ça serait dommage.

LUCILE.

Oui, mon parti est pris, voila justement ici dequoi lui signifier ma façon de penser. (*Elle va se mettre à une table sur laquelle il y a papier, plume & encre. Elle ôte ses gands, son éventail & son mantelet, & les pose à côté, sur une chaise.*)

GILOTIN, *pendant qu'elle écrit*

Si j'étais que de vous, je l'y dirais tout net, qu'il est un traître & un vilain, & que vous ne voulez plus de lui du tout.

LUCILE, *écrivant.*

Ah! Laissez moi faire; ce que je lui marque vaudra bien cela.

GILOTIN.

Tant mieux! (*à part.*) Ah! jarnombille v'la un bon coup pour moi! elle me reviendra; quand j'ai dit que je n'en donnais pas encor ma part.... Oh! comme j'ai le nez fin, moi! Je sentais ça.

LUCILE, *ployant la lettre.*

Me ferez-vous bien un plaisir, Monsieur Gilotin?

GILOTIN.

Pardine! si je vous le ferai.... Vous voyez ben que je ne cherche que ça.... Qu'à vous obliger.

LUCILE.

Vous m'avez apporté cette lettre là fort adroitement. Il est question de remettre actuellement celle-ci à Monsieur Duchesne, avec la même adresse.

GILOTIN.

Oh! c'est ben aisé. C'est mon fort à moi que l'adresse.

LUCILE.

Tant mieux; en ce cas attendez le ici, il va revenir pour me prendre; mais après sa trahison, je le regarde comme un monstre, & je ne veux le revoir de ma vie. (*Elle s'en va.*)

SCENE VIII.

GILOTIN, *seul.*

AH! mordine, v'la qui prend une fière tournure pour moi!... Je crois ben à présent que les violons qui étiont commandés pour ce soir, ne joueront pas pour lui..... Sarpedié! comme elle a ben pris la mouche de ce coup là! Ah! oui, y faut qu'elle soit ben en colère; tenez! elle a oublié ses gands & son éventail.... Et son mantelet encor!... Ah! jarni! la tête n'y est plus. La v'la piquée comme une courtepointe, tant mieux! quand je m'offrirai en pis-aller, elle va me sauter au cou tout de suite.... Faut prendre ses affaires aussi, parce que quand j'aurai remis sa lettre au brutal, je l'y reporterai tout ça. (*Il met les gands.*) Quien! c'est quasiment la même main que nous avons.... Et la même taille aussi, je crois...... Voyons donc le mantelet; (*Il le met sur ses épaules & se carre avec.*) diantre! comme s'il était coupé pour moi. Je serais ben en fille dà! si je voulois... Faudra que je me déguise comme-ça au bal qu'on donnera pour ma noce. (*Il se promène avec le mantelet, en faisant jouer l'éventail.*)

SCENE IX.

GILOTIN, DUCHESNE *entre.*

DUCHESNE, *trompé par le mantelet.*

ALLONS, Mamſelle Lucile, v'la aſſez longtems que vous êtes là à l'ancre; cueillons notre cable & remettons à la voile.

GILOTIN, *à part.*

Eh ben oui, Mamſelle Lucile! al y a mis ſans toi, à la voile.

DUCHESNE, *le prenant par la main, Gilotin recule.*

Eh ben, Milzieux! vous dérivez je crois.... (*Il le regarde.*) Eh mais, le diable m'étrangle!... Qu'eſt-ce que c'eſt que cette figure-là? Eſt-ce qu'un tourbillon m'a ſoufflé dans l'œil donc?

GILOTIN.

Non pas Monſieur, c'eſt moi.

DUCHESNE.

Qui, toi? Eh double pompe marine! c'eſt ce petit poiſſon volant de Gilotin, je crois!

GILOTIN.

Oui, Monſieur, c'eſt moi-même.

DUCHESNE.

Eh que fais tu là, avec le mantelet de Mamſelle Lucile, dis donc, hé! petite ſardine deſſéchée?

GILOTIN.

Monſieur, c'eſt que je la remplace comme elle

m'en a prié, pour vous donner un billet doux qu'elle vient de vous écrire.

DUCHESNE.

A la bonne heure, tout ce qui vient de sa part m'apporte du baume dans l'âme, donne le.... (*En le déployant.*) Tu as bien fait d'avoir ce passe port là pour venir ici ; car, ventrebleu ! tu sais que je t'en dois de ste nuit.

GILOTIN.

A moi, Monsieur.... Dessus quoi donc ?

DUCHESNE.

Eh oui, morbleu ! Quand je t'ai trouvé dessous la table, le long des jambes à Mamselle Lucile.... étalé comme un chien couchant.... Quéque tu f.... fourageais par là.... Hem ?

GILOTIN.

Ah ! Je guettais la jarretière de la mariée ; c'est permis à tous les Garçons de la noce ça ; demandez putôt.

DUCHESNE.

Ouida ! & je t'ai guetté le nez moi, & je suis bien fâché de ne l'avoir pas abordé comme il faut.

GILOTIN.

Ah ! je dis, vous l'avez ben assez abordé comme ça !

DUCHESNE.

C'est bon, c'est bon.... Voyons un peu ce billet doux. (*Il lit.*) « Monsieur, comme un » seul homme ne peut pas épouser deux femmes, » & qu'il est juste que la première en date ait la » préférence, je vous laisse à celle à qui vous » avez promis avant moi ; & suis pour ne jamais » vous revoir, votre servante Lucile. » Ah !

mille saintes barbes en feu!..... Est ce que c'est Lucifer qui lui a conduit la plume quand elle m'a écrit st'infernal billet doux-là donc!

GILOTIN, *à part.*

Bon! y va crever de colère à présent, lui!

DUCHESNE, *le prenant au collet.*

Comment! petit *b*.... butord que tu es!.... Tu appelles cela un billet doux,

GILOTIN.

Eh ben dame, Monsieur, je n'étais pas dessous le cachet moi, pour savoir ce qui en était.

DUCHESNE.

Est-ce qu'une comète lui a retourné la cervelle donc, pour m'écrire un emblême pareil! (*à Gilotin*) & où est-elle, à présent?

GILOTIN.

Masine, je n'en sais rien; d'la colère qu'elle avait, elle a pris la clef des champs si vite, qu'elle a oublié là tout son équipage.... Mais aussi c'est vote faute; pourquoi que vous voulez prendre deux femmes?

DUCHESNE, *le prenant à la gorge.*

Je veux prendre deux femmes!... Ah! *j*... je ne sais qui me tient que je ne te *f*... fasse rôtir tout vivant dans mes fourneaux.... Mais milzieux, tu ne l'échaperas pas. (*Il ferme la porte de la Boutique à double tour, & met la clef dans sa poche.*) Je vas d'abord envoyer courir après Lucile, & après ça je reviendrai compter avec toi. Justement j'ai là mon four qui s'allume, pour faire rougir de la brique, ainsi je vas te cuire avec elle, & te couler dans un moule....

(*Il entre au fond.*)

SCENE X.

GILOTIN, *seul.*

AH jerni! me v'la pus en peine que quand j'étais en prison dans la colonne! comment diantre me sauver d'ici?... Il a fermé la porte à double tour?.. Ah! misérable Gilotin? v'la un fier moment à passer!... Coulé dans un moule.... Ça équiperoit ben mon mariage!... Oui, jarnombille! v'la son maudit four qui est presque rouge.... Ah! Je me sens déja tout rissolé de frayeur!... Mais, qu'est que c'est que je vois là. C'est une fenêtre, je crois.... Ah! queu bonheur! & vite, faut escalader ça, au risque de me casser le cou encore!... Si y avoit donc une échelle!.. Mais jarni, v'la qui va m'en servir.... Approchons les tuyaux. (*Il les met l'un près de l'autre, par dégrés de hauteur & il monte dessus & arrive à la fenêtre.*) Oh! m'y v'la. (*Il ouvre la fenêtre.*) Allons, mafine, risquons le paquet: père Duchesne, vous ferez cuire votre brique sans moi, (*il crie.*) Garre l'eau là-dessous! (*Il saute par la fenêtre, & en repoussant le tuyau le plus haut avec son pied, il les fait culbuter les uns sur les autres.*

SCENE XI.

DUCHESNE *venant au bruit.*

Eh mais, triste désordre; Est-ce que le diable de chat est enragé donc?... Ah! double retraite! v'la la fenêtre ouverte! C'est ce gueux de Gilotin qui a battu une chasse par là, tenez.... C'est égal, je vas lui serrer le vent, & je le rejoindrai. (*On frappe à la porte.*) Qu'est-ce que c'est que ça?.. Ah! oui, j'avois fermé la porte, c'est quelque pratique apparemment; voyons un peu. (*Il va ouvrir.*)

SCENE XII.

DUCHESNE, LUCAS.

LUCAS.

C'est-ti pas vous Monsieur, qui êtes Monsieur le père Duchesne?

DUCHESNE.

Et le père du diable qui t'emporte! qu'est-ce que tu lui veux?

LUCAS.

Monsieur, c'est une lettre qu'on m'a dit de l'y apporter.

DUCHESNE.

Encore une lettre!... Eh! mille millions de Bouteilles d'encre, tout le monde écrit donc aujourd'hui? de qui vient-elle ste lettre?

LUCAS.

Dame Monsieur, on me l'a donnée pour vous au Château.

DUCHESNE, *à part.*

Au Château! C'est sûrement Mamselle Lucile qui revient au vent.... Elle m'invite sans-doute à aller m'expliquer avec elle; voyons ça. (*Il décachète la lettre.*)

LUCAS.

Monsieur, y a-ti pour boire pour le porteur?

DUCHESNE.

Eh! mille fontaine, attens que j'aye lu, & je t'arroserai en proportion des bonnes nouvelles que tu m'auras apporté.

LUCAS.

Ah! c'est juste ça, Monsieur, j'allons attendre.

DUCHESNE *lit, & fait des grimaces & des contorsions du diable.*

LUCAS *l'observant.*

Queux grimaces qui fait donc!... Je crois que le vin de mon pour boire se trouble.

DUCHESNE *chiffonne la lettre en jurant.*

LUCAS.

Eh ben, Monsieur, y a-ti queuque chose pour saluer votre santé?

DUCHESNE, *ramassant une buche ou un moule de tuyau.*

Ah! ma santé!.. Tiens, coquin! tiens, renégat... V'la pour ta santé à toi.... Sens-tu ça? & si je te payais ta lettre en proportion de sa valeur, je te mettrais tout le corps en ralingue.

LUCAS.

Eh ! Monsieur, en v'la ben assez comme ça ; je sommes content.

DUCHESNE.

A present va t'en dire à celui qui t'envoye qu'à-moins que le diable ne me fasses amarrer les deux jambes, ces deux bras-là vont lui larguer ma réponse.

LUCAS.

Ça suffit Monsieur, j'y courons ben vite. (*Il se sauve.*)

SCENE XIII.

DUCHESNE, *seul.*

Ah ! double équinoxe ! un homme ose écrire au père Duchesne de s'tencre-là ! million de barres de cabestan ! c'est donc un loup marin, que ça.... Relisons-là donc un peu à tête reposée, ste lettre, ste *b*... belle lettre là. (*Il rouvre la lettre & lit haut.*)

» Père Duchesne, vous avez été Canonnier des-
» sus mer ; moi, je l'ai été sur terre, & Mineur
» & Sapeur, & Bombardier. (*Il s'interrompt & dit*)

Eh double mortier ! que le diable te bombarde ! (*Il lit.*)

» Et actuellement, j'arrive de l'Amérique, où
» j'étais Capitaine de Flibustiers....

Ah bien oui ! v'la encor un *b*.... beau titre pour m'en imposer !... Ah ! *f*.... fusses-tu le Bombardier des enfers, je te ferai sauter, moi. (*Il lit.*)

» J'apprens en arrivant que vous allez épouser » Mamselle Lucile ; mais je vous préviens que je » l'aime, & qu'elle m'aime aussi depuis long- » tems....

Ah! par exemple, c'est se f.... flatter un peu fort ça. (*Il lit.*)

» Et je vous déclare en conséquence, que » vous ne l'épouserez pas sans mon consente- » ment....

Eh! Monsieur le Mineur & Sapeur, je te répons que je l'épouserai à ta barbe, quand elle serait longue comme les crocs de Lucifer. (*Il lit.*)

» Pour cet effet, je me trouverai ce soir au Châ- » teau d'Ervilé, avant la signature du contrat. » Ah *b*.... bon! bon! viens-y.... Je serai bien- » aise d'avoir un tête-à-tête avec vous, pour juger » si vous êtes aussi brave que vous vous dites » amoureux.

Ah! mille fosses aux lions! v'la un hardi écu- meur de mer...... Mais fut-il le plus déterminé Pirate de toute la Barbarie, Duchesne, ventrebleu, saura te faire marcher à la bouline! V'la donc l'explication de la lettre de Mamselle Lucile! Ah, double complot! ils sont ben d'accord! mais nous allons voir à éplucher ça! Hola! hé! Garçons!... Ici vous. autres.... (*Il crie après les Garçons : ils accourent tous.*)

SCENE XIV.

DUCHESNE, TROIS GARÇONS.

Le premier GARÇON.

QUEST-CE qu'il y a maître?

DUCHESNE.

Ecoutez-moi, ventrebleu ! & attention à la manœuvre. Toi, Terrecuite, cours moi-tout de suite au Château, dans le Village & partout, & cherche-moi Mamselle Lucile par terre & par mer. Je veux lui parler ; allons, file du cable.... (*Il s'en va.*) Toi, Labrique, cours après ce misérable enragé de Gilotin; & si tu le trouve, enferme le moi tout brandit dans un de mes fourneaux ; allons, gagne au large. (*Le deuxième Garçon sort.*) Et toi, Brulefer; va-t-en ben vite réguiser mon sabre d'abordage & ma hache d'armes ; nettoye mes pistolets, charge mon fusil à deux coups ; & mets-moi double & triple munition dans ma giberne.... Détale.... (*Tous les Garçons sont partis, & le troisieme rentre au fond chez Duchesne.*)

SCENE XV.

DUCHESNE, *seul.*

AH ! Monsieur le *f*.... flibustier de malheur ! tu me défies, & tu m'attens au Château ! Eh gen, ventrebleu, j'y vas & je m'y ferai connaître tout-à-fait.... Y n'y a pus ni Prince ni Seigneur qui tienne à présent, v'la Duchesne en colère & mille secousses de tremblement de terre! fut-ce devant le tonnerre, je batrais le diable au beau milieu de son enfer.... Allons, marche, Duchesne! au feu *f*.... fermes-mon enfant! souviens-toi des Anglais & de ton jeune tems!..... Ah, milzieux! y n'y a pas d'âge pour un bon Français! dans tous les tems, avancer sur l'ennemi, c'est toujours marcher à la victoire, allons, marche au pas redoublé.... (*Il rentre dans le fond de sa Boutique.*)

Fin du premier Acte.

ACTE II.

Le Théâtre représente une Salle du Château & le Vestibule.

SCENE PREMIERE.

LE MARQUIS, LA MARQUISE, VA-DE-BON-CŒUR, *en uniforme.*

LA MARQUISE.

COMMENT! Monsieur le Marquis, vous voulez encor vous amuser aux dépens de ce pauvre père Duchesne?

LE MARQUIS.

Oui, Madame; je vous en prie, laissez-moi encor le plaisir de cette seconde épreuve. Jusqu'ici nous n'avons vû le père Duchesne qu'en récit; je suis curieux de le voir dans le feu de l'action.

LA MARQUISE.

Il y doit être intéressant!

LE MARQUIS.

Sur-tout s'il est aussi brave qu'il est brutal.... D'ailleurs, il y a une certaine lettre en jeu; que le père Duchesne a laissé tomber ici, & dont

Gilotin m'a parlé.... C'est ce qui m'a donné l'idée de cette seconde scêne que je veux lui faire jouer... Mais tranquillisez-vous sur son compte, l'affaire n'aura pas de suites fâcheuses.

LA MARQUISE.

A la bonne heure, Monsieur.... Car vous me l'avez fait prendre vous-même en amitié.... Et je serais fâchée qu'il lui ariva du mal.

LE MARQUIS.

Il suffit, Madame, que vous vous y intéressiez pour que nous le ménagions. (*A Va-de-bon-cœur.*) Dites moi, Va-de bon-cœur, avez vous envoyé la lettre que je vous ait fait écrire?

VA-DE-BON-CŒUR.

Oui, mon Colonel, un homme du Château la lui a portée.

LE MARQUIS.

Bon, & votre sœur ne vous a pas vû encore! elle ignore que vous êtes arrivé?

VA-DE-BON-CŒUR.

Oui, mon Colonel; vous m'avez défendu de le lui laisser savoir, & je vous obéis.

LE MARQUIS.

C'est bien, j'exige que vous vous cachiez à elle jusqu'à ce soir. Je veux que mon épreuve soit franche & entière.... Ah! n'est-ce pas là votre commissionnaire? nous allons savoir des nouvelles.

SCENE II.

LES PRÉCÉDENS, LUCAS, *venant en face de Va-de-bon-cœur.*

LUCAS, *ne voyant que Va-de-bon-cœur.*

PAR la ventergué, Monsieur Va-de-bon-cœur.... (*Il voit le Marquis.*) Ah ! mille pardons ! Monseigneur !... Je venions pour rendre compte d'une commission qu'on m'a donné tantôt.

LE MARQUIS.

Eh bien, mon ami, rens-le ton compte.

LUCAS.

Oh jarni ! y sera bentôt rendu !... Mais quand Monsieur Va-de-bon-cœur aura d'autes lettres comme ça, y pourra ben les porter lui-même.

LE MARQUIS.

Pourquoi donc ça ?

LUCAS.

Ah ! Monseigneur, c'est parce qu'on n'a pas usé de plume pour me faire la réponse ; st'enragé d'homme-là me l'a morguenne ben signé sur les épaules, à grands coups de bâton.

LA MARQUISE.

Voyez-vous, Monsieur le Marquis, voilà déja le commencement de votre plaisanterie qui tourne à mal.

LUCAS.

Ah ! c'était une plaisanterie donc ça !... Ah ben

bén jarni ! j'aurions voulu le ſavoir plutôt. Je n'aurions pas été rire avec ce plaiſanteux-là, nous.

LE MARQUIS.

Eſt-ce qu'il t'a mal reçu ?

LUCAS.

Oh ! y m'a reçu comme un charme !... Tout ce que y a, c'eſt que ſi je n'avions pas eu d'auſſi bonnes jambes comme il avait de bons bras, je ne vous en aurions pas rapporté la nouvelle.

LA MARQUISE.

Ce pauvre garçon !... Voyez à quoi vous l'avez expoſé !... Tiens, mon ami ; au moins que quelque choſe te dédommage. (*Elle tire ſa bourſe & lui donne de l'argent.*)

LUCAS, *le prenant.*

Ah, jarniguoi ! ma bonne dame ! à ce prix là.... nos épaules ſont ben faites pour..... Certainement Monſieur le Marquis, je ſommes à vos ordres.... D'ailleurs, le Monſieur a dit que ce n'était qu'un à compte ça ; & que, tout-à-l'heure il allait venir pour apporter lui-même le reſtant de la pièce.... là, le gros de la réponſe.

LE MARQUIS.

Il eſt donc bien piqué ?

LUCAS.

Piqué ! Ah ventreguienne ! il eſt.... tranſpercé, même la rage l'y ſortoit par les yeux, que j'avions pus peur de reſſortir par la fenêtre que par la porte !

LE MARQUIS, *riant.*

Allons, allons, cela nous promet une bonne ſcène pour tantôt...... Va-de-bon-cœur, vous allez avoir de l'ouvrage !

VA-DE-BON-CŒUR.

Ah ! soyez sans inquiétude, mon Colonel. Lucas a été reconnaître la place ; mais ventrebleu ! je me sens capable de livrer l'assaut, moi.

LE MARQUIS.

Chut !... Voilà Lucile qui vient par ici !... Eh vite, sauvez-vous, qu'elle ne vous voye pas... Monsieur Duchesne apparemment l'accompagne ; dépêchez-vous d'aller vous équiper pour l'abordage. (*Va-de-bon cœur & Lucas sortent.*)

SCENE III.

LE MARQUIS, LA MARQUISE.

LE MARQUIS.

Vous, Madame, encore une fois, n'ayez aucune appréhension, je vais causer avec Lucile pendant que vous allez donner vos ordres pour la fête de ce soir. Souvenez-vous que les Noces du père Duchesne ne doivent pas être célébrées comme celles d'un homme ordinaire. (*La Marquise s'en va.*)

SCENE IV.

LE MARQUIS, LUCILE.

LE MARQUIS.

EH bien, Mademoiselle, vous voilà déja de retour?... Vos visites n'ont pas été longues avec le père Duchesne?

LUCILE.

Ah! Monsieur le Marquis; Monsieur Duchesne est un homme dont je n'aurais jamais soupçonné la conduite à mon égard. J'ai mille graces à vous rendre de vos bontés: mais je viens vous supplier de ne plus permettre ce mariage.

LE MARQUIS.

Eh mais, Lucile, je ne vous conçois pas aujourd'hui. Hier encore vous étiez la première à le solliciter.

LUCILE.

Monseigneur! un jour quelquefois nous apprend bien des choses!

LE MARQUIS.

Eh! qu'avez-vous pû apprendre depuis ce matin?

LUCILE, *avec sensibilité.*

Une lettre adressée à Monsieur Duchesne est venue bien juste à tems pour m'ouvrir les yeux!

LE MARQUIS.

Une lettre!... (*A part.*) Ce bavard de Gilotin aura jasé!... (*Haut.*) Mon enfant, il ne faut pas être si prompte à se chagriner soi-même. Une lettre ne dit pas toujours ce qu'elle semble vouloir dire.... Et je ne crois pas Monsieur Duchesne fait pour vous tromper. Ainsi avant de rompre un mariage aussi avancé, il est bon que vous ayez une petite explication avec lui ; & je me charge de vous la ménager. Ces légères brouilleries entre deux amans ne servent qu'à rendre les raccommodemens plus piquans.

SCENE V.

LES PRÉCÉDENS, GILOTIN *entre en boitant.*

GILOTIN.

AH Monseigneur ! vous ne devineriez jamais ce qui vous arrive là !

LE MARQUIS.

Ah bon dieu ! Gilotin, comme te voilà allarmé!... Eh mais, tu boites, je crois!... Eh ! qui donc t'a équipé comme cela ?

GILOTIN.

Eh pardine faut-y le demander ! c'est vote loup garrou de poëlier.... Et je suis ben heureux d'en être quitte pour une jambe, car j'ai été obligé de sortir de chez lui par le premier étage.

LE MARQUIS.

Comment ! il t'aurait jetté par la fenêtre?

GILOTIN.

C'est ben moi qu'a saisi ce passage là de préférence, plutôt que le four qui était tout rouge!... Et à présent v'la qui vient je crois vous assiéger en personne dans vote Château! il a des épées, des sabres, des fusils!... On dirait d'un Arsenal tout entier qui marche! & y jure qu'on croirait que c'est le tonnerre qui va tout démolir!

LE MARQUIS, *à Lucile.*

Venez, Lucile, laissons-le seul exalter son premier transport; ensuite, je vais envoyer Madame la Marquise le sonder un peu sur cette lettre qui vous donne tant d'inquiétude.

(*Il s'en va avec elle.*)

SCENE VI.

GILOTIN, *seul.*

AH pardine, il est tout fondé! c'est un subordonneur qui voulait nous enlever nos maitresses... Ah jarni! le v'la!... Garre la bombe!

(*Il se sauve.*)

SCENE VII.

DUCHESNE *entre, il a un sabre en bandoulière, deux pistolets à la ceinture, une hache d'armes à la main droite, & un fusil à deux coups sur l'épaule gauche, avec une giberne sur l'autre.*

AH! triple salle d'armes! c'est donc ici que ce *f*... fameux flibustier m'a donné rendez-vous... Ah! mille gargousses! il a fait le bon voilier, mais je veux que vingt douzaines de requins me chatouillent les côtes, si je ne fais pas venir du loff, moi.... Attendons-le un peu, & mettons nos armes en état. (*Il les dépose l'un après l'autre sur une table.*) Voilà ma hache qui a le fil; voila mon fusil à double canon, tordu, amorcé & épinglé de frais, & les pierres rebattues à neuf. Voilà mon damas qui coupe le fer.... & mes deux pistolets carabinés.... Et j'ai laissé dans la cour du Château un petit canon que j'ai traîné, afin de pouvoir lui donner le choix des armes...... Si j'en avois pû amener deux, ah! mille boulets de 48! je l'aurais fait.... Mais puisqu'il n'y en a qu'un, nous tirerons au sort à qui le pointera le premier sur l'autre...... J'entends du bruit, je crois.... C'est sans-doute l'ennemi qui s'avance. Alerte Duchesne! (*il crie*) aux armes!..... (*Il prend son fusil & couche en joue en criant.*) Qui vive.

SCENE VIII.

DUCHESNE, LA MARQUISE.

DUCHESNE.

AH ventrebleu ! c'est Madame la Marquise ! ronde Major ! lai'e passer. (*Il lui présente les armes, en faisant sonner fort son fusil.*)

LA MARQUISE.

Ah ! c'est vous, Monsieur Duchesne !... Est-ce que vous êtes en faction par ici ?

DUCHESNE.

Oui, Madame, & je vous rens les honneurs de la guerre.

LA MARQUISE.

Je vous suis bien obligée ; mais comme je n'ai point envie de traiter cela au militaire, je serais bien-aise de causer avec vous tout simplement.

DUCHESNE.

Eh bien, Madame, je vais me reposer sur les armes. (*Il fait le tems de l'exercice.*)

LA MARQUISE.

Eh non, quittez les tout-à-fait. Nous n'avons pas d'hostilités à commettre ; & votre appareil guerrier m'effraye.

DUCHESNE

En ce cas là, Madame ; armes bas. (*Il fait le tems & pose son fusil à terre.*)

LA MARQUISE.

A la bonne heure, on n'a pas besoin d'être

armé pour négocier un traité de paix. . . . (*Elle va à la coulisse.*) Avancez, Lucile.

SCENE IX.

LES PRÉCÉDENS, LUCILE *entre.*

DUCHESNE.

AH ! non d'une fausse attaque ! C'est une trahison ça, Madame ! vous me faites quitter les armes ; & vous introduisez l'ennemi !

LUCILE *voulant s'en aller.*

Madame, vous voyez bien que....

LA MARQUISE, *retenant Lucile.*

Un instant, ma chere Lucile !... (*à Duchesne.*) L'ennemi !... Eh quoi ! Monsieur Duchesne, pouvez-vous vous bien donner ce titre à Mademoiselle ? & n'est-ce pas elle plutôt qui a tout sujet de se plaindre de vous ?

DUCHESNE.

De moi, Madame ! Eh, triple lance à feu ! je veux que cinq cens....

LA MARQUISE.

Ah ! de grace, Monsieur Duchesne, modérez vous un peu.

DUCHESNE.

Que je me modère ! Eh ! doubles colonnes de Gibraltar !...

LA MARQUISE.

Ah ! Monsieur Duchesne, un peu de sang-froid, s'il vous plait ; ménagez vos paroles.

DUCHESNE.

Comment, mes paroles!.... Ah triple rudiment!... V'la donc encore ma langue aux arrêtes, comme hier!... Ecoutez, Madame la Marquise, j'ai certainement pour vous tout le respect qui vous appartient.... Mais *f*.... faut que chacun parle comme il l'entend.... Je ne peux pas parler de ça sans jurer d'abord!... C'est pour l'affaire de Mademoiselle que vous venez, n'est-ce pas?

LA MARQUISE.

Oui, c'est pour cela tout juste.

DUCHESNE.

Oh bien en ce cas là, *f*.... faites nous donc le plaisir de nous laisser expliquer tout seuls; car vraiment, Madame, il y a là-dedans des *b*.... des bagarelles, que je serais embarrassé.... Eh non, je vous dis.... *F*.... faut vous avouer que je ne suis pas à mon aise pour parler de ça devant vous, là!

LA MARQUISE.

Eh bien, écoutez, Monsieur Duchesne; je ne veux pas gêner votre explication. Je vous laisse avec Mademoiselle: mais je vous engage toujours à vous souvenir des égards qu'un galant homme doit au sexe. (*Elle s'en va.*)

SCENE X.

DUCHESNE, LUCILE.

DUCHESNE.

AH ben oui, des égards !.... Et y ne nous en doit pas donc aussi, à nous, le sexe?... Ah ! tonne de boulets ramés, v'la que j'ai mes coudées franches pourtant !.... Eh ben, Mamselle Lucile ! c'est donc vous qui m'écrivez comme ça lestement que vous ne voulez pus de moi ?

LUCILE.

Monsieur, je serais au désespoir de gêner l'inclination de quelqu'un. Je vous avais cru libre ; mais puisque vous avez des engagemens ailleurs, je n'ai pas l'ambition de me faire sacrifier une rivale.

DUCHESNE.

Mais, double charge de canon à mitraille ! de quelle diable de rivale voulez-vous me parler ?

LUCILE.

Eh Monsieur ; ne faites pas l'ignorant ! c'est ajouter encore à votre perfidie.

DUCHESNE.

Mais, quand tous les cocodrilles devraient m'avaler ; je ne connais pas plus la rivale dont vous me parlez, que je ne connais la longitude !

LUCILE, *à part.*

C'est trop fort... (*Haut.*) Eh bien Monsieur,

puiſqu'il faut vous convaincre...... liſez cette lettre....

DUCHESNE.

Encore! les diables de lettres ſont faites pour me chavirer la tête aujourd'hui.... (*Il la parcourt.*) Ah! double rame de papier! c'eſt la lettre de ma tante que j'ai perdu hier, çà!

LUCILE.

De vôtre tante!

DUCHESNE.

Eh! ſans-doute de ma tante. D'une vieille *b*.... bonne femme de 70 ans, qui veut me larguer ſa ſucceſſion, à condition que je ne me marie pas, dans la crainte que le caractère de ma femme ne puiſſe pas s'amarinder avec le ſien.

LUCILE.

Comment, ce ſerait poſſible?.... Et pourquoi craint-elle cela d'une autre femme?

DUCHESNE.

Ah! dame, parce qu'elle les connaît apparemment. Elles ſont ſi douces, ſi ſociables....

LUCILE.

Eh! pourquoi ne le ſeraient-elles pas?

DUCHESNE.

Eh, mille ouragans! pourquoi?.... Parce que vous vous accordez enſemble comme les vents dans une tempête.... Vous ſoufflez de l'Eſt; vous ſoufflez du Nord; & vous vous calmez quand le Navire eſt coulé bas.

LUCILE.

Vous nous eſtimez beaucoup à ce qu'il parait!

DUCHESNE.

Eh, ventrebleu! je ſuis payé pour cela, je crois... D'ailleurs vous voyez que je faiſais une exception en votre ſaveur, & je voulais détromper ma tante ſur votre compte, puiſque je venais vous prendre pour vous conduire chez elle, quand on m'a remis ce tendre billet doux de votre part.

LUCILE.

S'il eſt ainſi, Monſieur Ducheſne, je n'ai plus à me plaindre, & je vous rens mon eſtime.

DUCHESNE.

Ah! vous me rendez.... Eh! double combat naval! y ſembe que l'opinion de ces dames ſoit tout!... Eſt-ce que nous n'avons pas notre ligne de compte auſſi donc, nous?... Vous me rendez! mais mille écouvillons! je ne vous rens pas, moi. Me v'la blanchi de ſte lettre là, & en deux mots encore! mais à votre tour, ſavez-vous donc de celle-ci vous! voyons. (*Il lui donne la lettre du flibuſtier.*)

LUCILE, *la prenant.*

Qu'eſt-ce que c'eſt que celle-là? de qui vient-elle.

DUCHESNE.

Eh parbleu. c'eſt d'un *f....* flibuſtier, d'un Sapeur, qui m'a fait cette gentilleſſe-là!... Hem! qu'en penſez-vous? pas vrai que c'eſt un *b....* bon garçon dà! pour écrire comme ça au père Ducheſne?... Ah! *b....* bombardier de réforme! tu la danſeras tout du long! va.

LUCILE, *témoigne un grand ſoupir.*

DUCHESNE.

Eh ben, Manſelle, l'ortographe y eſt-elle à celle-là?

LUCILE.

Vous me voyez confuſe, Monſieur Ducheſne. Je ne comprens rien à cette lettre, & je ne connais personne au monde qui ait le droit de vous écrire rien de pareil.

DUCHESNE.

Ah! triple marée montante! Monsieur sans gêne, & s'il ne l'a pas il le prend lui le droit! mais je vas prendre celui de lui faire courir une fière bordée aussi, moi!... Mademoiselle, apprenez qu'un galant homme n'est pas *f*... fait pour qu'on le tienne à la cappe & à sec de voiles comme vous faites-là, au moins!... V'la déja assez longtems que je louvoye pour entrer dans le port; mais mil zieux s'il faut craindre des écueils jusque dans la rade, j'aime autant reprendre le large & remettre en mer.

SCENE XI.

LES PRÉCÉDENS, GILOTIN.

GILOTIN, *à part.*

BON! le v'la, faut que je me venge de la peur qu'il m'a fait tantôt, y n'est pas le maître ici, je n'y craignons rien..... Bon jour, Monsieur Duchesne.

DUCHESNE.

Ah! te v'la toi! t'as donc filé tantôt?

GILOTIN.

Oui, j'ai filé, un beau fil même!... Mais je dis, chacun à son tour à filer, y a t'ici un homme qui demande après vous; y dit comm-ça qu'il est maître de danse, & qu'il va vous apprendre une courante.

DUCHESNE.

Une courante à moi!... Ah! double débordement de vague!... Nous allons donc le connaître enfin ce Flibustier de contrebande!..... (*à Gilotin.*) Et toi, qui a cru me faire peur en me l'annonçant, je vas te couper en deux pour voir si mon sabre a le fil. (*Il le prend par le bras.*)

LUCILE.

Allons vite prévenir Monsieur le Marquis, pour empêcher tout ça. (*Elle s'en va.*)

SCENE XII.

DUCHESNE, GILOTIN.

GILOTIN, *se démenant.*

EH grace, Monsieur Duchesne! je ne suis pas de vote bataille, moi; Mamselle Lucile, avertissez le Chirurgien du Château, qui vienne me raccommoder.

DUCHESNE, *tirant son sabre sur lui.*

Ah gueu! tu as cassé mes tuyaux de poële!

GILOTIN.

Eh moi, je me suis faussé une jambe; ça fait ben quitte.

DUCHESNE.

Ah ben, je vas te la couper, ça te guérira. (*Il fait semblant de frapper.*)

GILOTIN, *crie.*

Ahi !

DUCHESNE.

Mais non ; j'aime mieux essayer mes pistolets ; voir s'ils ne sont pas dans le cas de rater. Tiens-toi là que je te tire au blanc. (*Il le lâche & va prendre un pistolet.*)

GILOTIN, *s'enfuyant.*

Pardi, oui ! je vas t'attendre.... Au feu !... Au feu ! (*Il se sauve.*)

DUCHESNE, *courant après lui.*

Ah, coquin ! tu désertes !

SCENE XIII.

DUCHESNE, LE MARQUIS.

LE MARQUIS, *arrêtant Duchesne & patelinant.*

EH bien, mon pauvre Duchesne, qu'est-ce que j'apprends donc là !

DUCHESNE.

Oh ! ce n'est rien, Monsieur le Marquis, c'est une *b*.... babiole que j'aurai bentôt arrangée, allez !... Laissez le arriver tant seulement.

LE MARQUIS.

Mais c'est donc sérieux st'affaire là.

DUCHESNE.

Bon sérieux ! Ah ben oui ! c'est un cabotin qui veut trancher du [illegible] de la grande mer !....

Mais je vas bentôt vous avoir remis ça à la côte, moi.

LE MARQUIS.

Mais pourtant on dit que c'est un homme dangereux.

DUCHESNE.

Dangereux! Ah! quand y serait pus sec qu'un grain de Nord-Est, je veux marcher à lui toutes voiles dehors, brunettes haute & basses, & vous le raser comme un ponton.

LE MARQUIS.

Mais écoutez, Monsieur Duchesne, ne pourait-on pas accommoder cette affaire là?

DUCHESNE.

Accommoder! comment *f....* franc du colier comme je le suis, pouvez-vous me lâcher ce mot là, vous? Eh, milzieux! Monsieur le Marquis, mettez-vous à ma place donc; vous êtes vous-même un *b.....* brave homme.... Prenez que vous ayez été insulté comme je le suis; eh ben, mille grapins est-ce que vous ne vous *f....* seriez pas un de voir de vous venger donc?

LE MARQUIS.

Est-il vrai aussi, comme Lucile le dit, qu'il vous ait offensé?

DUCHESNE.

Oui, Monsieur le Marquis, eh nom d'une galère! je veux faire ramer ce gaillard là, moi!.. Il m'a défié! mais double aviron, nous allons bouliner ensemble!... Sachez, jarnombleu! que Duchesne est toujours le même, & ce qu'il a dit une fois est moulé pour la vie...., Oui milzieux! j'aime Mamselle Lucile, & je veux couler ba-

tou

tous mes rivaux. Mais triple bastingage ! s'il en paroît su l'horison un autre plus amoureux ou plus brave que moi, j'amene devant lui, & je me retire à fond de cale.

LE MARQUIS.

Allons, père Duchesne, il n'y a rien à vous répondre, vous avez l'âme d'un loyal & preux Chevalier.... En ce cas, je consens à ce que vous voyez votre adversaire. Je l'avais fait arrêter dans la premiere cour du Château ; mais puisque vous voulez absolument vous mesurer avec lui, je vais ordonner qu'on le laisse approcher ; & je fais bien sincèrement des vœux pour que la victoire couronne un amant aussi parfait. (*Il s'en va.*)

SCENE XIV.

DUCHESNE, *seul.*

A LA bonne heure ! v'la tout ce que je demande.... (*Il releve son fusil.*) Ah ! triple carabine ! me v'la donc libre enfin, & nous allons un peu nous remanier sous nos basses voiles. (*Il fait jouer le ressort de son fusil.*) Bon, ça peut en détacher.... Voyons donc un peu ce luron-la, s'il est aussi diable comme son encre est noire.... Je ne suis pas fâché de st'avanture là, milzieux !... Y avoit un peu trop longtems que je n'avois manœuvré... Ce petit abordage-la va me dérouiller.... Je l'entens, je crois ; allons, morbleu Duchesne, v'la l'ennemi ! face en avant ! & vive le Roi.

SCENE XV.

DUCHESNE *marche en avant*, VA-DE-BON-CŒUR *entre & marche à lui; il a des moustaches, une capote sur son habit d'uniforme &c.*

VA-DE-BON-CŒUR.

EST-CE vous qui êtes le père Duchesne.?

DUCHESNE.

Oui, *f*.... franchement, c'est moi, à la vie & à la mort. Et vous, n'êtes vous pas ce *b*..... Bombardier que j'attens?

VA-DE-BON-CŒUR.

Oui, lui-même.

DUCHESNE.

Ah ben, mil nom d'un boulet rouge!...

VA-DE-BON-CŒUR, *fermement*.

Chut!... Ne jurez pas.

DUCHESNE.

Comment! mille sabords! que je ne jure pas!.. Pourquoi donc ça?

VA-DE-BON-CŒUR.

Parce que ça ne fait peur qu'aux femmes, & qu'il n'y en a pas ici.

DUCHESNE.

Eh nargue des moustaches de tous les *f*... Flibustiers de l'Amérique! est-ce vous qui m'empêchera de jurer?

VA-DE-BON-CŒUR, *le prenant par la main.*

Ecoutez, père ; les enfans crient, les femmes pleurent, les faux braves jurent ; & les gens de cœur agissent.

DUCHESNE, *s'emportant & sautant sur ses armes.*

Ah ben, triple millions de bayonnettes, agissons donc si tu en as du cœur.... Mais tu n'as pas d'armes ... Comment *f.* ... Flibustier manqué ! tu m'insultes de loin avec ta plume, & tu viens te battre de près avec ta langue.... Mais tien, ventrebleu ! je suis mieux outillé que toi. En v'la pour nous deux. Choisi là-dedans, & voyons si tu te bats aussi dur comme tu écris insolament ?

VA-DE-BON-CŒUR.

Vous n'avez-pas d'autres armes que cela ?

DUCHESNE.

Eh double & triple Arsenal ! combien t'en faut-il donc ? & puis j'ai encore un canon qui est dans la cour.

VA-DE-BON-CŒUR.

Puisque vous me laissez le choix, j'ai ma manière de me battre & je ne la change jamais ; vous allez voir mes armes, on les porte toujours après moi. (*Il appelle dehors.*) Hola ! vous autres, avancez.

SCENE XVI.

LES PRÉCÉDENS, *deux hommes en Matelots entrent, l'un porte un petit baril sur son épaule, l'autre porte une bougie allumée, & deux grandes pipes de terre. Le premier pose son baril au milieu. Le second met la bougie & les pipes sur la table.*

VA-DE-BON-CŒUR.

C'EST bon, laissez-nous. (*Ils s'en vont.*) Allons Monsieur Duchesne, apprêtez-vous.

DUCHESNE.

Eh double feu de rempart! est-ce qu'il se mocque de moi donc celui-là.... Vous vous battez à la Hollandaise donc vous, méchant?

VA-DE-BON-CŒUR.

Comment, à la Hollandaise!

DUCHESNE.

Eh oui, milzieux! des pipes & un.... quartaud de bierre apparenment?

VA-DE-BON-CŒUR.

Ah! vous prenez cela pour de la bierre vous.... Vous avez raison, oui; c'est de la bierre à ma façon à moi. Mais elle ne mousse pas celle-là, elle saute.... (*Il le prend par le bras & lui dit fortement & dans le bas de la voix.*) C'est de la poudre à canon.... Nous allons défoncer le baril, nous mettrons la bougie allumée dans le milieu; &

le plus brave de nous deux y allumera ſa pipe le premier..... Voilà la bierre que je vous offre, voyez ſi vous voulez décoeffer la bouteille.

DUCHESNE, *lui tendant la main.*

Touchez-là milzieux !... Je n'ai jamais refuſé de trinquer a ſt'écot-là.... Quand on a ſervi avec les Jean Bart, ou les d'Eſtaing & les Suffren, on ſait faire péter ce bouchon là.... Allons, ventrebleu! chargez votre pipe. (*Il les prend toutes les deux & lui en préſente une, & charge l'autre.*)

SCENE XVII.

LES PRÉCÉDENS, LUCILE, *accourant.*

LUCILE, *venant du côté de Duchesne.*

O CIEL.... Monſieur Duchesne, ſi vous avez de l'amitié pour moi, de grâce, arrêtez-vous.... (*A Va-de-bon-cœur.*) Et vous, Monſieur, de quel droit avez-vous oſé écrire à Monſieur, ſur un ton auſſi libre à mon égard?... Ne vous ayant jamais vu ni connu, pouviez-vous vous permettre une inconſéquence auſſi incroyable, & dont les ſuites peuvent-être auſſi funeſtes.

DUCHESNE, *à Va-de-bon-cœur.*

Vous ne répondez rien.... Mamſelle Lucile, ce que vous faites là vous excuſe dans mon âme de votre procédé de tantôt. A préſent, je vous crois encore plus que jamais une brave fille....

Mais *f*.... faut aussi vous prouver, que je suis un *b*.... brave homme moi. Et triple roulement de tonnerre ! à présent qu'il a tort à lui tout seul, je m'en vas vous le grésiller & vous le calciner, comme la brique dans mes fourneaux.... Allons, milzieux ! voyons si tu sais fumer. (*Il prend la bougie d'une main, sa hache de l'autre, & frappe sur le baril.*)

LUCILE, *effrayée, veut le retenir.*

Arrêtez Monsieur, Duchesne ! (*Elle se jette dans ses bras pour le retenir, il est obligé de la soutenir, ce qui le retient en attitude.*)

SCENE XVIII.

LES PRÉCÉDENS, LE MARQUIS, LA MARQUISE, GILOTIN, *derriere eux des Domestiques.*

GILOTIN, *traversant le Théâtre en courant.*

EH, mon dieu, sauvons-nous, Monseigneur ! ce sont des enragés qui vont faire sauter le Château comme une mine.

DUCHESNE, *dans la plus grande colère, tenant toujours Lucile.*

Retirez-vous, Monsieur le Marquis.... Madame, N'avancez pas.

LE MARQUIS, *allant à lui.*

C'eſt bien, c'eſt bien, Monſieur Ducheſne; en voilà aſſez comme cela pour votre honneur.

DUCHESNE.

Aſſez! comment, millions de faux ſignaux.... Ah! *f*.... faut donc que vous ſoyez contre moi auſſi Monſeigneur.

VA-DE-BON-CŒUR.

Au contraire Monſieur Ducheſne, vous êtes lavé & parfaitement, j'ai voulu voir ſi vous étiez réellement un brave homme, & je ſuis enchanté de votre bravoure. Je baiſſe pavillon, j'avoue votre triomphe, & je conſens à ce que vous épouſiez Mademoiſelle Lucile que vous méritez, pourvu qu'en retour vous m'accordiez votre eſtime & votre amitié.

DUCHESNE.

Ah! noble victoire! j'y conſens. Vaincre & étouffer les ſuperbes, mais pardonner aux vaincus, c'eſt le devoir d'un galant homme. Embraſſez-moi. (*Il jette la hache & ſa bougie.*)

VA-DE-BON-CŒUR, *l'embraſſe.*

De tout mon cœur.... (*Après avoir embraſſé Ducheſne il va pour embraſſer Lucile.*) Et vous, Mademoiſelle, permettez....

LUCILE, *ſe retirant.*

Moi, Monſieur....

DUCHESNE, *le retenant par ſon habit.*

Alte-là donc, hé luron! c'eſt conſigné, ça.... Ou ben milzieux! le baril eſt encore là, ainſi *f*... feu ſi vous voulez.

VA-DE-BON-CŒUR, *à qui le Marquis fait ſigne &c.*

Monſieur le Marquis, vous êtes content....

Mon brave Monsieur Duchesne, & vous, ma chère Lucile, connaissez-moi donc enfin.... (*Il ôte ses moustaches, sa perruque noire & son manteau, & reste en uniforme.*)

LUCILE, *qui le reconnait.*

O ciel! c'est vous, mon frère!

VA-DE-BON-CŒUR, *l'embrassant.*

Oui, ma chère sœur!

DUCHESNE.

Vous, son frere!

VA-DE-BON-CŒUR.

Oui, son frère; & au lieu d'un rival comme vous l'avez cru, votre ami le plus sincère.

DUCHESNE.

Ami, mais ventrebleu.... ce baril de poudre pourtant! ça aurait fait sauter l'amitié!

VA-DE-BON-CŒUR.

Ah! cette poudre-la n'était pas meurtrière....: Examinez-la, vous qui êtes connaisseur.

DUCHESNE, *leve le couvercle du baril.*

Ah! triple explosion d'une bombe! qu'est-ce que c'est que ça? des étoffes! des bijoux.... Ah! Monseigneur. (*à part.*) Madame, je devine tout; cette poudre-la sort de votre manufacture.

VA-DE-BON-CŒUR.

Vous avez raison, c'est de Monseigneur...... Et voilà le brulot que Madame la Marquise a fourni pour allumer les pipes..... Lisez ce qu'il contient.

DUCHESNE, *lit.*

» Je donne & hipothéque un contrat de douze
» cens livres de rente, que je constitue sur la tête
» du premier enfant qui proviendra du mariage

» de Lucile & du père Duchesne... » Ah! bonté divine! Madame la Marquise! comment reconnaitre.... Ah! double Cap de Bonne-Espérance, Monsieur le Marquis.... V'la une façon ben galante de faire vos présens de noces!... (*à Va-de-bon-cœur.*) Mille bénédictions! mon camarade, v'la une bataille qui finit ben heureusement!.... Quoique ça je vous en veux de votre malice.... Si le père Duchesne avait calé pourtant?... Ah! faudra que nous traitions une amorce ensemble.

LE MARQUIS.

Eh bien, Messieurs, si votre querelle n'est pas terminée, le combat peut encore avoir lieu entre vous, mais c'est à table & le verre à la main.... (*Au peuple.*) Entrez, mes enfans, & que chacun prenne part à la Fête. (*On ouvre la Ferme, les gens du Château paroissent.*)

GILOTIN.

Eh ben, quoi! y n'a pas encor sauté donc lui?

LE MARQUIS.

Non, mais reste ici. Le bal va commencer, & nous allons tous sauter ensemble.

GILOTIN.

Pardine, il a un fier guignon sur moi st'homme la! v'la déjà deux fois qu'il en réchappe. Mais pour la troisième je l'attens au lendemain des noces.

SCENE XIX & *dernière.*

LES PRÉCÉDENS : *tous les gens du Château ; un buffet bien garni & orné est aufond.*

LE MARQUIS.

PÉRE Duchesne ! vous avez voulu bruler de la poudre & vous serez content. J'ai fait charger les canons du Château, il est bien juste de célébrer par une double décharge de notre Artillerie les Noces du Canonier du Triomphant ; allons mes amis, feu. (*On entend le Canon.*)

GILOTIN.

Des canons ! ah jarni ! je m'en vas moi d'abord !.. (*Il se sauve au premier coup.*)

DUCHESNE *sautant de joye.*

Ah ! double pétard ! Mamselle Lucile ! la belle symphonie ! y me semble encor être à ce combat où nous avons coulé bas deux Vaisseaux & mis ensuite la flotte de l'Amiral Boscawen.... Ah ! triple canonade ! y n'y a que ça pour un brave homme, une noce ou un combat.... (*à Va-de-bon cœur.*) Allons nous mettre à table.... après ça Mamselle Lucile, songeons bien vite à gagner la pension qui est marquée dessus le brulot de Madame la Marquise. (*On tire toujours le canon.*) (*Au Public.*) Messieurs, toute la baterie du Château à beau tirer pour me faire honneur, tous nos canons ne couvriraient pas un seul de vos mur-

mures ! & Duchesne confondu du moindre petit vent contraire que vous laisseriez souffler contre lui, mettrait à la cape ; ferait signal de détresse & démâterait sous les coups de l'orage.... Mais aussi la moindre faveur de votre part est pour lui la brise désirée qui le relève de la côte ; c'est le présage de sa victoire ; & le bruit de vos applaudissemens est la plus belle salve d'artillerie qu'il puisse jamais entendre.

FIN.

www.ingramcontent.com/pod-product-compliance
Lightning Source LLC
LaVergne TN
LVHW010624110826
845149LV00003B/1037

* 9 7 8 2 0 1 9 2 0 1 1 7 3 *